知的ハンディー キャップを
抱えた方々のために…

がっこよくいきる すてきにいきる ための 5つのお話

JN162652

はじめに

あなたのまわりには色んな人がいますね。おうちの人や近所の人、学校や職場の先生や友だち、バスや電車で出会う人、道やお店ですれちがう人、全然知らない人…

また、あなたが「好きだなあ」と思う人がいるかもしれないし、「にがてだなあ」と思う人がいるかもしれません。

あなたのまわりにいる人たちがみんなにこにこ笑顔だったらうれしいですね。こわい顔をしていたり、怒った顔をしていたら悲しくなってしまいます。

この本には、あなたがまわりの人たちと笑顔で暮らすための5つのお話が書いてあります。読んでください。そして毎日、笑顔で「かっこよく、すてきに」暮らしてください。

永原 郁子

かっこよくいきる すてきにいきるための
5つのお話（はなし）　もくじ

1　人（ひと）との距離（きょり）のとり方（かた） ……… 6
1　家族（かぞく）・親（した）しい人（ひと）は腕（うで）の半分（はんぶん）の距離（きょり）
2　知（し）っている人（ひと）は腕（うで）をのばしてとどく距離（きょり）
3　知（し）らない人（ひと）は腕（うで）をのばしてもとどかない距離（きょり）
4　人（ひと）のからだにだまってさわらない
5　外（そと）では人（ひと）のからだにふれない
6　人（ひと）との距離（きょり）のとり方（かた）〜知（し）っておくといいこと〜

2　からだの中（なか）で特別（とくべつ）に大切（たいせつ）なところ ……… 20
7　からだの中（なか）で特別（とくべつ）に大切（たいせつ）なところはどこ？
8　下着（したぎ）をつけているところはなぜ大切（たいせつ）なの？
9　下着（したぎ）をつけているところを見（み）せない
10　下着（したぎ）をつけているところを「見（み）せて」と言（い）われても見（み）せない
11　下着（したぎ）をつけているところを人前（ひとまえ）でさわらない
12　下着（したぎ）も見（み）ない、見（み）せない

3　人（ひと）を好（す）きになった時（とき）のルール（るーる） ……… 34
13　おうちの人（ひと）や先生（せんせい）に相談（そうだん）しよう
14　好（す）きな人（ひと）が悪（わる）い人（ひと）でないか、しっかりと見（み）る
15　相手（あいて）があなたを好（す）きでなかったときはどうしたらいい？
16　お付（つ）き合（あ）いをはじめた時（とき）のルール（るーる）
17　人前（ひとまえ）でしてはいけないこと
18　二人（ふたり）だけでもしてはいけないこと

4 結婚するための準備 ………… 48

19 結婚するための準備を考えよう
20 結婚！小さな赤ちゃんがお腹の中にやってくることがある
21 赤ちゃんを育てる準備を考えよう
22 結婚するまではしないで！

5 しあわせにいきる方法 ………… 58

23 あなたのいいところをみつけよう
24 神さまが見ておられる
25 一生懸命生まれてきた大切な自分を好きになろう

付録　男の子のこと　女の子のこと ………… 66

26 （男の子）おちんちんが大きくなる時がある
27 （男の子）おちんちんをさわりたくなったら
28 （女の子）月経がはじまる
29 （女の子）ナプキンをつける
30 （女の子）月経カレンダー
31 大切に　大切に

Q&A ………… 78

かっこよくいきる すてきにいきるための お話(はなし) 1

1 家族(かぞく)・親(した)しい人(ひと)は腕(うで)の半分(はんぶん)の距離(きょり)

2 知(し)っている人(ひと)（友(とも)だちや近所(きんじょ)の人(ひと)など）は腕(うで)をのばしてとどく距離(きょり)

3 知(し)らない人(ひと)は腕(うで)をのばしてもとどかない距離(きょり)

4 人(ひと)のからだにだまってさわらない

5 外(そと)では人(ひと)のからだにふれない

6 人(ひと)との距離(きょり)のとり方(かた)〜知(し)っておくといいこと〜

人との距離のとり方

●お話1　人との距離のとり方

1 家族・親しい人は腕の半分の距離
（からだにふれることもある）

あなたの家族や親しい人は、腕の半分の距離まで近づいてもいいです。手をつないだり、肩や背中や腕にふれることもあります。でも急にふれてはいけませんよ。「○○さん」とか「○○ちゃん」って声をかけてくださいね。強くはだめです。優しくふれてください。

● めぐちゃんと家族

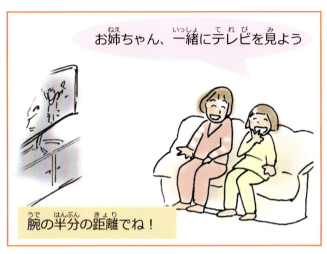

●お話1 人との距離のとり方

2 知っている人（友だちや近所の人など）は腕をのばしてとどく距離

知っている人なら、腕を伸ばしてとどくところまで近づいてもいいです。
友だち、近所の人、職場の人は知っている人なので腕をのばしてとどく所まで近づいてもいいです。
近づくときは、こわい顔ではいけませんよ。ちょっとだけにっこりとして近づいて「○○さん」って声をかけてください。

● けんくんと近所の人

あ、隣のおじさんだ！

○ こんにちは。

腕をのばしてとどいてもいいんだな。

いいぞ！
けんくん
その調子！

× けんくん 大きくなったね。

おばさん！近づきすぎだ。

友だちや近所の人、職場の人は腕をのばしてとどく距離がいい。近づきすぎないように気をつけてね。

○ あ！めぐちゃんだ。腕をのばしてとどくまで近づいていいんだな。

●お話1　人との距離のとり方

3　知らない人は腕をのばしてもとどかない距離

散歩に行ったり、買い物に行ったり、学校や職場に通ったり、出かけることがありますね。
出かけたところで、出会った人が、知らない人なら、腕をのばしてもとどかない距離をとりましょう。
手がふれるほど近づいていったら、相手はびっくりしたり、不機嫌になるかもしれません。

● めぐちゃん、ショッピングに行く

あれも！これもほしい！

あれも！これもほしい！

どす〜ん！

ごめんなさい。

家から外に出たら、知らない人でいっぱいです。よそ見をしたり、考えごとをしていると知らない人に近づいてしまいます。
知らない人とは腕をのばしてもとどかない距離をとりましょう。

●お話1　人との距離のとり方

4　人のからだにだまってさわらない

たとえば…

赤ちゃんに近づいてだまってほっぺにさわらない。
赤ちゃんって、とてもかわいいですね。「いないないばぁ」ってしたくなります。
「やわらかそうなほっぺ！さわりたいなぁ。」と思っても、さわらないでください。赤ちゃんがびっくりしてしまいますからね。

肩や背中についている糸くずやほこりをだまってとらない
背中に糸くずがついていたらとってあげたくなりますね。でもだまってとろうとしたら、その人はびっくりしてしまいます。必ず「糸くずがついていますよ」と声をかけてくださいね。大きな声ではなく、普通よりちょっと小さな声がいいです。

人の肩や背中をだまってさわらない
聞きたいことや用事がある時でもだまって人の体にさわらないでください。「○○さん」と名前を呼んで、自分の方を向いてもらいましょう。名前を知らないときは「失礼します」とか「今お話してもいいですか」と声をかけましょう。

● めぐちゃん「背中についている糸くずが気になるぅ〜」

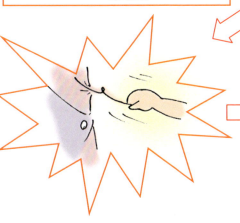

●お話1　人との距離のとり方

5 外では人のからだにふれない

家の外では自分の体と他の人の体はふれません。バスや電車に乗った時も、人の体にふれないでください。

電車やバス、エレベーターなどが満員の時は自分の体と他の人の体がくっつくこともあります。ちょっと窮屈だけどしんぼうしましょう。

ショルダーバッグは脇にしっかり持ちましょう。リュックは背中からはずして胸の前でしっかり抱えましょう。満員の時は、自分の手の平が人にふれてはいけません。手はぐーをしてお腹の前か胸の前にもってきておくといいです。

外出しているときに、他の人にふれないようにしようと思っていてもぶつかってしまうことがあります。そんな時は「すみません」と頭を少し下げてあやまりましょう。(歩くときは下を見たり、よそ見をしたりしないで、前を見て歩きましょうね)。

● けんくん、電車に乗る

6 人との距離のとり方～知っておくといいこと～

① **知っている人でも知らない人でも3秒以上は見ない。**
気になる人がいるとじーっと見たくなるけど、見られた人は「なんで見られているんだろう」と心配になったり、いやな気持ちになります。
気になっても3秒以上は見ないでね。
1，2，3で目をそらせよう。

② **人が嫌がっていることはすぐにやめよう。**
人の後をつける・待ち伏せする・何度も話しかける・人の持っているものを触る…こんなことはしないでね。

③ **自分もいやなことをされた時**は
「いやです」とか「やめてください」と言おう。

④気になることがあってもすぐにそこに行かない。自分のしていることをそのままつづけよう。

見に行きたいけど行ったらダメなんだね。

⑤つば、めやに、はなくそがついた手で人や物をさわらない。

⑥スマートフォンやデジカメでだまってほかの人を撮らない。
景色を撮る時も人が写真に入らないように気をつけよう。

かっこいいバス！写真撮りたいなあ。
でも人がいるからカメラを向けたらダメなんだね。

かっこよくいきる すてきにいきるための お話 2

7　からだの中で特別に大切なところはどこ？

8　下着をつけているところはなぜ大切なの？

9　下着をつけているところは見せない

10　下着をつけているところを「見せて」と言われても見せない

11　下着をつけているところを人前でさわらない

12　下着も見ない、見せない

からだの中で特別に大切なところ

7 からだの中で特別に大切なところはどこ？

●お話2 からだの中で特別に大切なとこ

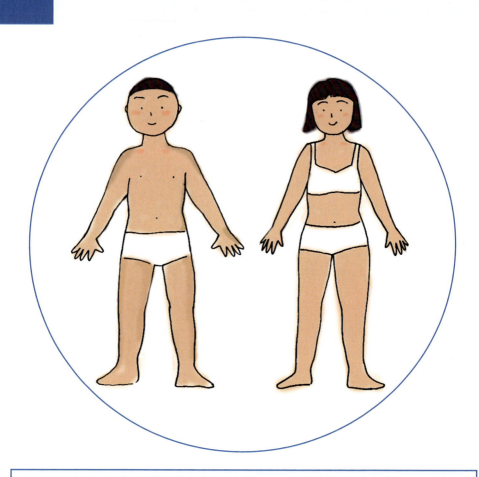

下着をつけているところは特別に大切なところ！

体は頭の先から足の先まで全部大切です。足の先にけがをしても痛くて歩けないし、目が見えなくてなっても不自由です。

体は全部大切ですが、特別に大切なところがあります。それは下着をつけているところとくちびるです。

● 体は大切！

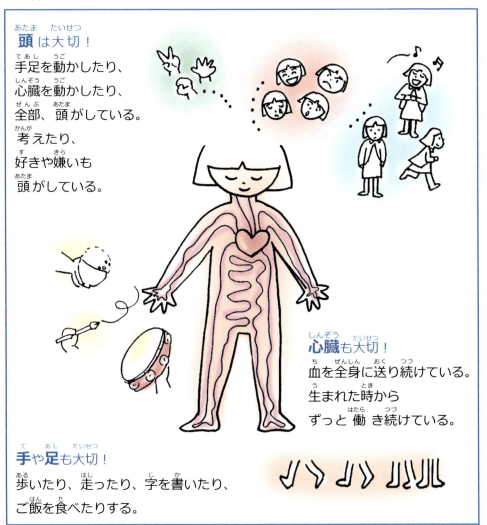

頭は大切！
手足を動かしたり、
心臓を動かしたり、
全部、頭がしている。
考えたり、
好きや嫌いも
頭がしている。

心臓も大切！
血を全身に送り続けている。
生まれた時から
ずっと働き続けている。

手や足も大切！
歩いたり、走ったり、字を書いたり、
ご飯を食べたりする。

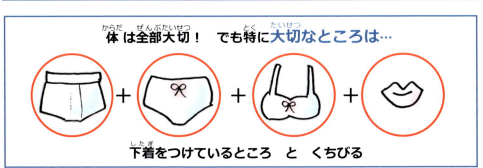

体は全部大切！　でも特に大切なところは…

下着をつけているところ　と　くちびる

●お話2 からだの中で特別に大切なところ

8 下着をつけているところはなぜ大切なの？

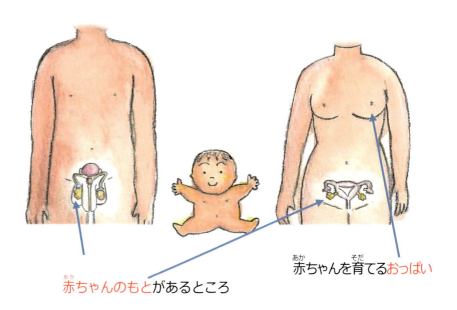

赤ちゃんを育てるおっぱい

赤ちゃんのもとがあるところ

赤ちゃんに関係のあるところは特別に大切！

男の人も女の人もパンツをはいているところに赤ちゃんのもとがあります。女の人は赤ちゃんを育てるためにおっぱいが大きくなります。赤ちゃんに関係のあるところは特別に大切なところです。

おしり！とか、おちんちん！とか、おっぱい！と聞くと恥かしいなあと思ったり、いやらしいなあと思うかもしれませんが、そうではありません。大切な所だから下着をつけて守っているのです。だからおしり！とか、おちんちん！とか、おっぱい！と大きな声でふざけて言わないでね。また汚い手で触らないでくださいね。やわらかくて敏感なくちびるも大切なところです。

●赤ちゃんに関係があるところは大切

大切だから…
きれいな手でさわる

爪を切る

手は洗う

赤ちゃんに関係があるところは
大切なので下着で守ります。

「おしり」「おちんちん」
「おっぱい」なんて
大きな声やふざけて言うのは
かっこ悪いことです。

赤ちゃんのもとがある
大切なところです。

「いやらしい」
「はずかしい」
「エッチ」
「きもい」
と言わないでね。

大切だから
下着をつけて守ります。

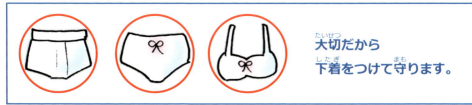

●お話2　からだの中で特別に大切なところ

9　下着をつけているところを見せない

赤ちゃんのもとがあるところは大切なのでパンツをはきます。赤ちゃんを育てるおっぱいも大切なのでブラジャーをつけます。パンツやブラジャーなど下着は家の外でも家の中でも脱ぎません。下着を脱いでもいいのは、お風呂に入る時やトイレの中です。病院で診察する時も病気がないか診てもらうので脱いでもいいです。

● はだか大好き！でも下着をつけよう

はだか大好き！
でも、ちゃんと下着はつけよう！

下着をぬいでいいのは…

お風呂のとき

着替えのとき

病院で診てもらうとき

●お話2 からだの中で特別に大切なところ

10 下着をつけているところを「見せて」と言われても見せない

おうちの人や先生に言う。

下着をつけているところを「見せて」と言われても、絶対見せません。「さわらせて」と言われても、絶対さわらせません。男の人でも女の人でも、知っている人でも知らない人でも、大人でも子どもでも「見せて」とか「さわらせて」と言われたら「いやだ～」と大きな声を出して逃げてください。そしておうちの人に教えてください。
「お金をあげるから見せて」とか「いいもの買ってあげるからさわらせて」また「好きだから」と言われても絶対だめですよ。
やわらかくて敏感なくちびるも人にさわらせません。

● 大切なところは守る

●お話2 からだの中で特別に大切なとこ…

11 下着をつけているところを人前でさわらない

ズボンの中に手を入れない
ズボンの上からさわらない

スカートの上からさわらない
おっぱいをさわらない

下着をつけているところは人の前でさわらないでね。もしパンツの中やブラジャーの中がかゆかったり、痛かったりしても、人が見ているところではさわりません。おうちの人に話して必要なら病院で診てもらいましょう。
他の人の下着をつけているところもさわったら、絶対だめです。
（男性性器の症状は泌尿器科、女性性器の症状は産婦人科、乳房のしこりなどの症状は外科に受診します）

● かゆいけどがまん

トイレを探して、トイレの中でかいてもいい。でも痛くなるから、強くかかないでね。かいた後は手やつめを洗おう。

よくがまんしたね。
なぜかゆくなったのか、
おうちの人に相談しようね。

● お風呂できれいに洗おう

●お話2　からだの中で特別に大切なところ

12　下着も見ない、見せない

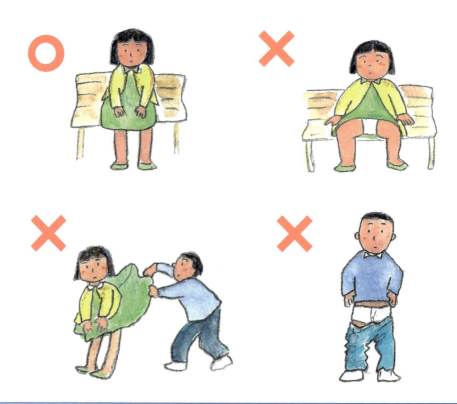

下着も人に見せません。スカートをはいている時に足を開いて座ったら下着が見えてしまいます。足を閉じて座りましょう。短いスカートをはいている時は特に気をつけよう。
ズボンをずらしたら、下着がみえます。ズボンは腰のところまで上げましょう。他の人の下着も見ないでね。
ズボンをずらして下着を見せている人がいても、親しくない人だったら、注意はしなくていいですよ。

● 下着は見せないで

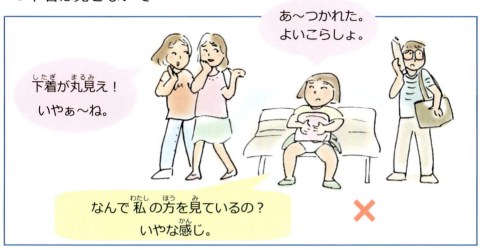

かっこよくいきる すてきにいきるための お話（はなし）3

13　おうちの人（ひと）や先生（せんせい）に相談（そうだん）しよう

14　好（す）きな人（ひと）が悪（わる）い人（ひと）ではないか、しっかりと見（み）る

15　相手（あいて）があなたを好（す）きではなかった時（とき）はどうしたらいい？

16　お付（つ）き合（あ）いをはじめたと時（とき）のルール

17　人前（ひとまえ）でしてはいけないこと

18　二人（ふたり）だけでもしてはいけないこと

人を好きになった時のルール

●お話3　人を好きになったときのルール

13　おうちの人や先生に相談しよう

人を好きになるのはうれしいことです。その人のことをいつも考えてしまいます。でも考えすぎたら、考える力がなくなってしまいます。だから自分だけで考えずに、おうちの人や先生に相談しましょう。

● めぐちゃん　人を好きになる

● お話3　人を好きになったときのルール

14　好きな人が悪い人ではないか、しっかり見る

下着をつけている
大切なところをすぐにさわる人 ✕

優しい人でも
一度でも大声を出したり、
なぐったりしたことのある人 ✕

「お金を貸して」「○○買って〜」という人 ✕

約束を守らない人 ✕

> 一度でも大声を出したり、なぐったりする人とは付き合いません。「好き」とか「愛している」と言われてもだめです。下着をつけているところを触る人も付き合いません。「お金をかして」とか「買ってほしい」とねだる人もだめです。約束を破る人も付き合いません。

● 彼・彼女の行動チェック

① 大声を出すことがある	はい・いいえ
② なぐったことがある	はい・いいえ
③ 下着をつけているところを触る	はい・いいえ
④ キスをしようとする	はい・いいえ
⑤ 「お金を貸して」と言う	はい・いいえ
⑥ 「○○買って〜」と言う	はい・いいえ
⑦ 約束を守らない	はい・いいえ

ひとつでも「はい」があったら付き合わない!!

●お話3　人を好きになったときのルール

15 相手があなたを好きでなかったときはどうしたらいい？

さみしいけれど　あきらめる
もっとあなたがしあわせになれる人と出会うのを待とう
何かに一生懸命とりくもう

あなたが好きでも、相手はあなたのことを好きでないことがあります。それはとてもさみしいことですが、あきらめるしかありません。そんな時こんなふうに考えるといいですよ。
「私がもっと幸せになれる相手と出会うのを待とう！恋より仕事に専念するわ！彼はわたしと相性が悪かったのよ！」
「ぼくがもっと幸せになれる相手と出会うのを待とう！恋より仕事に専念するぞ！彼女はぼくと相性が悪かったんだ！」

● けんくん失恋する

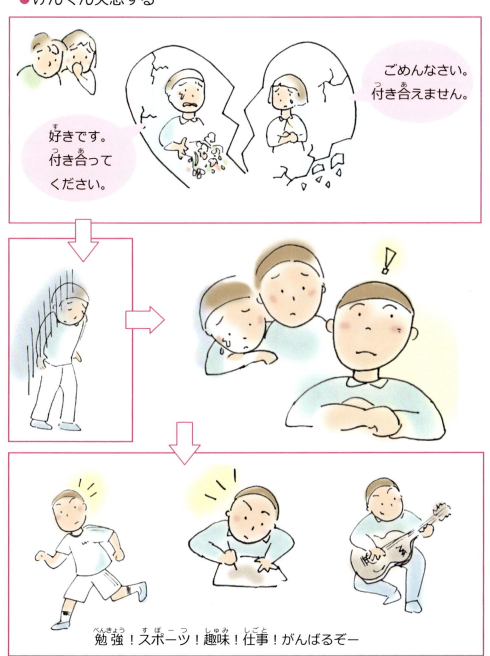

●お話3　人を好きになったときのルール

16 お付き合いをはじめた時のルール

もし相手もあなたのことが好きだったらうれしいですね。「二人っきりでデートする」とか「プレゼントをする」など普段と違うことをするときはおうちの人に相談しよう！

● お付き合い

好きです。
付き合ってください。

私も
あなたのことが
好きです。お付き
合いしましょう。

明日のデートは
何を着ていこう？

どこに行こう？
どんなことを話したらいい？どうしよう？
わからなくなっちゃった。

お父さん。
お母さん。
教えて〜。

はいはい、
どうしたの。

●お話3　人を好きになったときのルール

17 人前でしてはいけないこと

❌ キスをする

❌ 抱きつく

❌ 体と体をくっつける

二人っきりでデートするのは楽しいことです。でも楽しすぎて周りのことが見えなくなってしまうことがあります。デートの時にしてはいけないことがあります。
人の前で 体と体をくっつけない！抱きつかない！キスをしない！
一緒に歩くときは手をつながず、並んで歩くのがいいですよ。

● 人が見ているところでしないで

手をつなぎたいけど…
つなぎません。
がまん、がまん…

腕を組みたいけど…
組みません。
がまん、がまん…

キスしたいけど…
しません。
がまん、がまん…

かっこいい付き合い方は
体をくっつけず、
腕の半分くらいの距離がいい

●お話3　人を好きになったときのルール

18 二人だけでもしてはいけないこと！

二人だけの時も、下着をつけているところを見たり、見せたり、さわったり、さわらせたりしません。くちびるもだめです。
下着をつけているところとくちびるは自分だけのもの。特別に大切なところなので大事にしてください。

● けんくん、彼女の家に行く

あら、いらっしゃい。

おじゃまします。

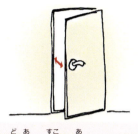

● ドアは少し開けておく

どんなことを話したらいいのかな？
☆うれしかったこと。
☆悲しかったこと。
☆好きな食べ物のこと。
☆おうちの人のこと。

● 彼女の部屋の中では離れて座る

おっぱい、触りたいなあ～
スカートの中見たいなあ～
キスしたいなあ～

けんくん！
きらい！

☆おっぱいを触りません！
☆スカートの中を見ません！
☆キスをしません！
こんな男性がカッコイイ！

かっこよくいきる すてきにいきるための お話(はなし)4

19　結婚(けっこん)するための準備(じゅんび)を考(かんが)えよう

20　結婚(けっこん)！小(ちい)さな赤(あか)ちゃんがお腹(なか)の中(なか)にやってくることがある

21　赤(あか)ちゃんを育(そだ)てる準備(じゅんび)を考(かんが)えよう

22　結婚(けっこん)するまではしないで！

結婚するための準備

●お話4 結婚するための準備

19 結婚するための準備を考えよう

男性　　女性

結婚したら別々の家で暮らしていた男女が家を出て、いっしょに住みます。
結婚にはいろいろな準備がいります。「好き」だけでは結婚できません。

　　結婚するための準備
1　ふたりで住む家があるかな
2　食べるものや着るものを買うお金があるかな
3　電気やガスのお金がはらえるかな
4　毎日、そうじや料理ができるかな
5　相手とけんかしないで、仲良くできるかな

だれもが結婚するわけではなく、結婚する人も、結婚しない人もいます。

● 結婚したいなぁ

結婚したいなぁ

そうだ！けんくん結婚しよう！

結婚式ってお金がかかるんじゃないの？

何百万とお金のかかる結婚式もありますし、役所に結婚届けを出すだけなら、お金はいりません。どんな結婚式をするかは、おうちの人に相談しましょう。

結婚するときは、今まで育ててくれた人たちや見守ってくれた人たちに
「今までありがとうございました。これからも二人も見守り、助けてください」
と伝えてくださいね。

●お話4　結婚するための準備

20 結婚！小さな赤ちゃんが　　　お腹の中にやってくることがある

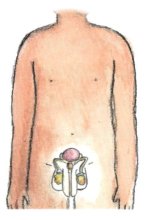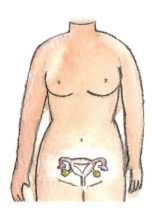

　結婚したら、二人で暮らすようになります。家の中ならキスをしてもいいです。体と体がくっついてもいいです。もっとくっつきたいと思ったときは、固くなったおちんちんを女性の体に入れることができます。
　入れる場所は、女性の体の中の赤ちゃんが育つ部屋につながっている狭いところです。こうすることで男性が持っている赤ちゃんのもとを、女性が持っている赤ちゃんのもとに送り届けることができます。これは赤ちゃんが生まれるかもしれないことです。
　赤ちゃんを育てる準備ができるまでは、男性が持っている赤ちゃんのもとと女性が持っている赤ちゃんのもとが出会わないようにします。いろいろと方法はあるのでおうちの人に相談してください。

● 結婚したら

キスをすることもある

抱き合うこともある

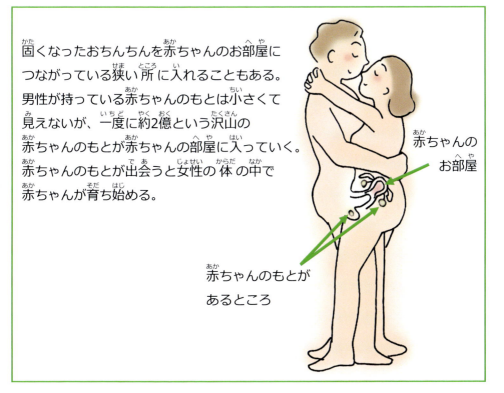

固くなったおちんちんを赤ちゃんのお部屋に
つながっている狭い所に入れることもある。
男性が持っている赤ちゃんのもとは小さくて
見えないが、一度に約2億という沢山の
赤ちゃんのもとが赤ちゃんの部屋に入っていく。
赤ちゃんのもとが出会うと女性の体の中で
赤ちゃんが育ち始める。

赤ちゃんのお部屋

赤ちゃんのもとがあるところ

二人の結婚生活を助けてくれる人に相談しよう！
赤ちゃんを育てることができる準備ができたら、赤ちゃんがやってくるのを待とう！
赤ちゃんを育てる準備ができないなら、赤ちゃんがやってこないようにする方法をおうちの人に相談しよう。

●お話4 結婚するための準備

21 赤ちゃんを育てる準備を考えよう

赤ちゃんのためにそろえるもの
おむつ 60枚
おむつカバー 4枚
短い肌着4枚　長い肌着4枚
ベビードレス3枚
おくるみ　お風呂の用意など…

「赤ちゃんがほしいなあ」と思った時に考えてほしいこと。

① 赤ちゃんを育てる家や部屋があるかな。
② 相手とけんかせず、仲良く子育てできるかな。
③ 赤ちゃんが着る服やおむつを買ってあげることができるかな。
④ おうちの人が赤ちゃんを育てるのを助けてくれるかな。

● 赤ちゃんを育てる準備

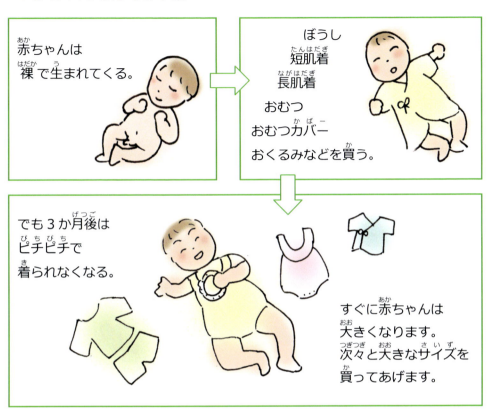

赤ちゃんは裸で生まれてくる。

ぼうし
短肌着
長肌着
おむつ
おむつカバー
おくるみなどを買う。

でも3か月後はピチピチで着られなくなる。

すぐに赤ちゃんは大きくなります。
次々と大きなサイズを買ってあげます。

おぎゃぁ～！
おぎゃぁ～！

いろんなものをそろえても
お父さんやお母さんが
イライラしたり、
怒りんぼだったら、
赤ちゃんは泣いてばかりです。
お父さんとお母さんがけんかしないで、
笑顔で仲良く暮らすことも
大切な準備です。

●お話4 結婚するための準備

22 結婚するまではしないで！

結婚をしていないなら
赤ちゃんのもとを出会わせてはいけません。　　　　なぜ？　　　×

あなたのお腹に赤ちゃんがやってきたら困るから

赤ちゃんのもとを
出会わせようとしたために
うつる病気がいっぱいあるから

男性の固くなったおちんちんを女性の体の中に入れると、赤ちゃんのもとが出会って赤ちゃんが生まれるかもしれません。結婚をしていないならしません。「好きだから」とか「愛しているから」と言われてもしません。

また、男性のおちんちんや、女性の体の中にある赤ちゃんのお部屋やおしっこの出るあたりにうつる病気をもっている人がいます。もし病気をうつされたら、おちんちんやおしっこのでるあたりがかゆくなったり、痛くなったり、ぶつぶつができてきたり、しるや膿がでてきたりします。またそんな症状がなくて大丈夫だと思っても、重い病気にかかっていることもあります。だから固くなったおちんちんを女性の体に入れて赤ちゃんのもとを出会わせようとすることは簡単にしてはいけません。

● 結婚をしていないなら

結婚をしていないなら
男の人がもっている赤ちゃんのもとと
女の人がもっている赤ちゃんのもとが
出会ってはいけない。

男の人がもっている 赤ちゃんのもと	女の人がもっている 赤ちゃんのもと
目で見えないほど 小さい	針先の点くらいの やっと見える小さな点

赤ちゃんを育てる準備が
できていないのに赤ちゃんが
お腹にやってきたら困る。

なぜ？

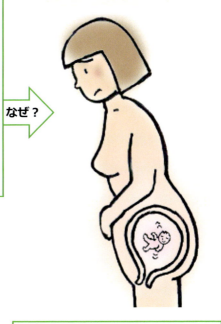

なぜ？

赤ちゃんのもとを出会わせようと
して、うつる病気がいっぱいある。

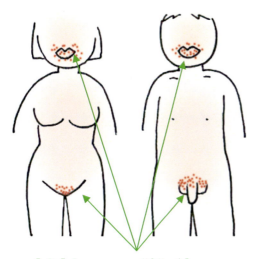

ブツブツ！かゆい！痛い！汁がでる。

赤ちゃんのもとを
出会わせようとしていなくても
ブツブツがでる！
かゆい！
痛い！
汁がでる！
膿がでる！ こともあります。

女の子…産婦人科
男の子…泌尿器科
の先生に診てもらおう。

かっこよくいきる すてきにいきるための お話(はなし) 5

23　あなたのいいところを見つけよう

24　神(かみ)さまが見ておられる

25　一生懸命(いっしょうけんめい)生(う)まれてきた大切(たいせつ)な自分(じぶん)を好(す)きになろう

しあわせにいきる方法(ほうほう)

●お話5 しあわせにいきる方法

23 あなたのいいところを見つけよう

「いいところ」
☆よく気がつく
☆歌が上手
☆やさしい
☆一生懸命する
☆力がある
☆器用
☆いい笑顔

あなたの「いいところ」

　あなたの「いいところ」はどこですか。おうちの人や友だちや先生から「あなたは笑顔がいいね」と言われたら、「笑顔」はあなたのいいところ！「よく気がつくね」とか「歌が上手だね」とか「やさしいね」とか「一生懸命するね」とか「力があるね」とか「手先が器用ね」と言われたら、それはあなたのいいところです。言われなくても、自分で「いいところ」を見つけましょう。そしてそれを使ってだれかを喜ばせてあげましょう。
　神さまはあなたが生まれる時に「みんなを喜ばせてあげなさい」とあなたに「いいところ」をプレゼントしてくださったのだと思いますよ。

● わたしのいいところ

わたしのいいところってどんなところだろう。

ぶきようだし、歌も歌えないし、すぐあきるし、優しくないし…

めぐちゃんがにっこりすると、わたし元気がでるよ。

めぐちゃんの笑顔とってもかわいいよ。

そうか！わたしのいいところは笑顔！いつも笑顔で「おはよう」って言おう！

めぐちゃん、「いいところ」が見つかってよかったね。
笑顔でみんなを喜ばせてあげてね。

●お話5　しあわせに生きる方法

24　神さまは見ておられる

あなたがいいことをしたとき

> 神さまは「うれしい」

約束を守る。
うそをつかない。
人に優しくする。
仕事をする。

あなたが悪いことをしたとき

> 神さまは「かなしい」

約束を守らない。
うそをつく。
人をなぐる。
なまける。

神さまはいつもあなたを見ておられます。
あなたがいいことをした時、神さまはうれしくてにこにこ笑顔！です。
あなたが悪いことをした時、神さまはかなしくてしょんぼり！です。

「だれも見ていない」と思っても、神さまは全部見ておられます。
神さまは生まれたときからずーっとあなたを見ておられます。
私たちはいつか命が終わる時がきます。「死ぬ」ということです。体は死んでも魂は神さまのところに帰ります。その時「いっぱいいいことをしたね」って神さまにほめてもらいたいですね。

● 神さまはいつもあなたを見ている

●お話5 しあわせにいきる方法

25 一生懸命生まれてきた
大切な自分を好きになろう

あなたはお母さんのお腹の中の小さな赤ちゃんでした。針の先の点くらいの命でした。お腹の中で大きくなって、生まれてきました。お母さんは一生懸命あなたを産みました。あなたも一生けんめい生まれてきました。生まれたあなたを見てたくさんの人が喜びましたよ。お父さん、おじいちゃん、おばあちゃん、その他にもたくさんの人があなたを見て笑顔になりました。あなたは大切な人です。そんな自分を大好きになってください。

● 生まれる

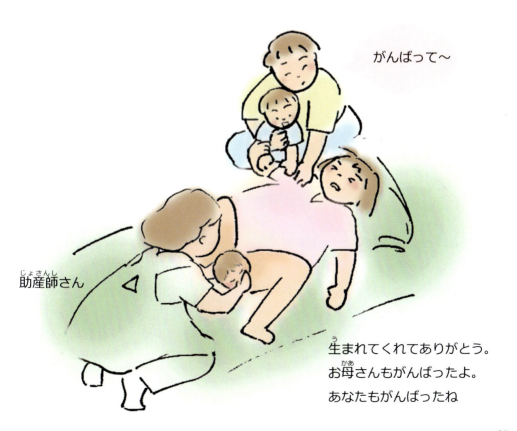

かっこよくいきる すてきにいきるための 付録(ふろく)

26 おちんちんが大(おお)きくなる時(とき)がある

27 おちんちんをさわりたくなったら

28 月経(げっけい)が始(はじ)まる

29 ナプキン(なぷきん)をつける

30 月経(げっけい)カレンダー(かれんだー)

31 大切(たいせつ)に 大切(たいせつ)に

男の子のこと　女の子のこと

26 おちんちんが大きくなる時がある

●男の子のこと 女の子のこと

あれ？
変な気持ち。
おちんちんが
大きくなって
きたぞ。

病気でもないし
変なことでもない
心配しなくていい。

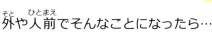

外や人前でそんなことになったら…
☆人に気づかれないようにする。
☆違うことを考えておさまるのをまつ。
☆深呼吸をする。
☆手をブラブラさせたり、首を回して気分を変える。

＊それでもさわりたいときはトイレの個室にはいってさわる。

10歳くらいになると、がんじょうな体つきになり、声が低くなり、体の大切なところに毛がはえてきます。
おちんちんの両側にある袋の中にある赤ちゃんのもとが赤ちゃんになることができるようになります。
おちんちんが固く大きくなって、赤ちゃんのもとは外にでます。

● おちんちんが固く大きくなる

朝、起きた時

アレ〜、おちんちんが固く大きくなってる。

大好きなめぐちゃんだ。
アレ〜、おちんちんが固く大きくなってきた。

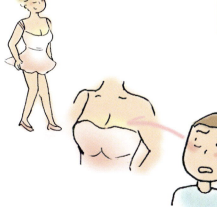

あっ！
おっぱいが見えてる！
アレ〜、おちんちんが固く大きくなってきた。

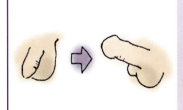

おちんちんが、固く大きくなることは悪いことではない。
でも、おちんちんが固く大きくなったことは、周りの人に気づかれないようにしよう。
おさまれ！おさまれ！

● 男の子のこと 女の子のこと

27　おちんちんをさわりたくなったら

人が見ていないところなら触ってもいい。
赤ちゃんのもとがある大切なところなので、汚い手でさわらない。
白い液がでてきたらティッシュでふく。

おちんちんをさわっていいのは、
人が見ていないところだけです。

10歳くらいになって赤ちゃんのもとが作られるようになるとおちんちんを触りたいという気持ちになることがあります。おちんちんを触っていると白い液がでてきます。この中にたくさんの赤ちゃんのもとが入っています。おちんちんを触って白い液を出すことは悪いことではありませんが、おちんちんを触っているところを人に見せてはいけません。それがカッコイイ男性です。

● おちんちんをさわりたい！

お布団の中

お風呂の体を洗うところ
（銭湯や温泉ではしない）

一人になれるところ

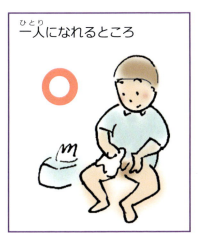

おちんちんの皮膚を上げたり下げたりする。
白い液が出てきたらティッシュでふく。
ティッシュは丸めてゴミ箱に捨てる。
お風呂の中ならお湯で流す。
＊他の人に見られないようにしよう。

大切なところなので汚い手でしないでね。お風呂に入った時に、
おちんちんの皮膚を下げてきれいに洗おう。

● 男の子のこと 女の子のこと

28 月経が始まる（おおよそ毎月3〜7日間）

卵巣から
赤ちゃんのもとがでる。

卵管に赤ちゃんのもとが入る
子宮は赤ちゃんを育てる
準備をする。

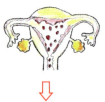
赤ちゃんがやってこなければ
準備したものを
体の外にだす→月経

月経

卵管

子宮
（赤ちゃんを育てる部屋）

卵巣
（赤ちゃんのもとがあるところ）

10歳くらいになると女の子はやわらかい体つきになり、おっぱいが大きくなり、体の大切なところに毛がはえてきます。
赤ちゃんの部屋（子宮）の両側にある袋（卵巣）から赤ちゃんのもとが出るようになります。赤ちゃんのもとが出てから14日目に月経（生理）があります。

● 赤ちゃんの部屋

毎月 体から血がでるなんていやだなあ～。

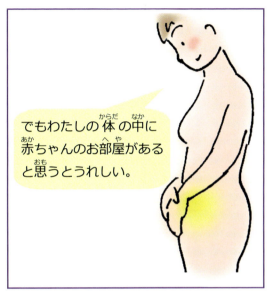

でもわたしの体の中に赤ちゃんのお部屋があると思うとうれしい。

赤ちゃんの部屋にばい菌がはいらないように気をつけて～

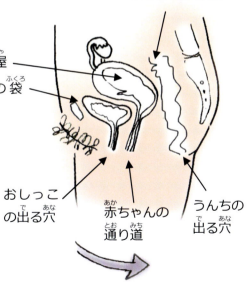

うんちを作る腸
赤ちゃんの部屋
おしっこの袋
おしっこの出る穴
赤ちゃんの通り道
うんちの出る穴

ウンチをした後はトイレットペーパーで前から後ろにふく。

わたしの体の中にある
赤ちゃんのお部屋に
赤ちゃんがやってくる
かもしれないし、
やってこないかもしれないけど、
わたしの体は大切！
わたしの体はすばらしい！

● 男の子のこと　女の子のこと

29　月経が始まったらナプキンをつける

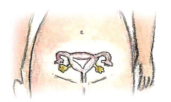

ナプキンを下着につけて月経の血を受ける。汚れたナプキンは丸めてトイレットペーパーにくるんで汚物入れにいれる。

もし下着に血がついたら血のついたところを見えないようにして丸めて洗面所のすみにおいておく。
（おうちの人に言ってね）
または自分で石けんをつけて洗おう。
＊月経の日は濃い色のスカートやズボンをはこう

月経（生理ともいう）はだいたい月に一度やってきます。（2～3か月ごとの人もいます）もうすぐかなと思うときは前もってナプキンを下着につけます。
月経はいつ始まるかわからないので、いつもナプキンを1つカバンの中に入れておきましょう。ぐちゃぐちゃにならないように小さな袋（ポシェット）に入れておきます。

● ナプキンをつけよう

アレ〜
おもらししたみたいに
ぬる〜っと出てきた。
困ったなぁ。
月経かなぁ。

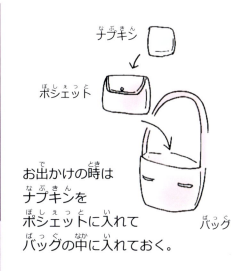

お出かけの時は
ナプキンを
ポシェットに入れて
バッグの中に入れておく。

こんなことがないように、
もうすぐ、月経かな…と思ったら
下着にナプキンをつけておこう。

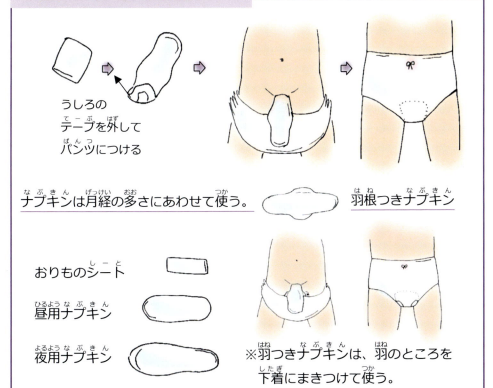

うしろのテープを外してパンツにつける

ナプキンは月経の多さにあわせて使う。　　羽根つきナプキン

おりものシート
昼用ナプキン
夜用ナプキン

※羽つきナプキンは、羽のところを下着にまきつけて使う。

● 男の子のこと 女の子のこと

30 月経カレンダー

月経カレンダーをつけよう！
次の月経が何日くらいに始まるか考えてみよう！

月\日	1	2	3	4	5	6	7	8
1			○	○	○	○	○	
2	○	○	○	○				
3	○	○						
4	○							
5								
6								

	24	25	26	27	28	29	30	31
							○	○
				○	○	○	○	
			○	○	○			
	○	○	○					

月経の日に丸印をつけよう。
月経が始まった日から、次の月経が始まる前の日までが何日か数えよう。
次の月経が何日くらいに来るか考えてみよう。
次の月経がきそうな日には下着にナプキンをつけよう！
月経がくる前はイライラすることがあるけど大丈夫！力を抜いて深呼吸！

短いスカートや胸が見えそうな服は着ないでね

赤ちゃんのもとがあるところと赤ちゃんを育てるおっぱいはきちんと服でかくしてください。あなたの大切なところですからね。
また、足やお腹やお尻が冷えないようにしておくと、月経の時のお腹の痛みが少なくてすみますよ。

●オリジナルソング

31 大切に 大切に

大切に、大切に（いのちのもとバージョン）

1・たいせつに たいせつに
　なんてすてきな
　ぼくのからだ
　いのちのもとがあるところ
　しっかりまもっていこう

2・たいせつに たいせつに
　なんてすてきな
　わたしのからだ
　いのちのもとがあるところ
　しっかりまもっていこう

（いのちのもと→赤ちゃんのもと）

大切に、大切に（みんなのいのちバージョン）

1・たいせつに たいせつに たったひとつの みんなのいのち
　にこにこえがおで たすけあう それがだいじなことだよ

♪大切に 大切に♪

Q&A

■子どもたちから

Q1. ぼくは、○○ちゃん(好きな女の子)と二人きりになって、手を繋いだり、ハグしたりしたいのに、先生たちはなぜダメって言うの？(中2男子)

A. 好きな子がいてうれしいですね。その子のことを本当に大切にしてあげてくださいね。手をつなぎたいとかハグをしたいと思っているんですね。先生たちが心配されているのは、もし手をつないだり、ハグをすると、もっとくっつきたいという気持ちになるということだと思います。

　二人っきりの部屋ならもっとそんな気持ちになります。たとえばくちびるが触れてキスをしたり、赤ちゃんのもとがある体の部分(下着をつけているところ)にも触りたいと思うかもしれません。そんなことになったらその子はとても傷つきます。たとえ「いいよ」と言ってもしてはいけません。

　もしあなたがもっとくっつきたいと思ったために、あなたの持っている赤ちゃんのもととその子が持っている赤ちゃんのもとが出合ってしまうと、赤ちゃんが女の子のお腹の中にやって来ます。赤ちゃんを育てる準備ができていないのに赤ちゃんがやってきたら、その子はこまってしまいます。

　その子を大切にしてあげるために、手をつないだり、ハグしたいという気持ちはがまんしましょう。そしてその他の楽しいことを考えて下さい。遊園地に行ったり、魚釣りにいったり、散歩をしたり、一緒に本を読んだり…二人っきりにならないように工夫しましょう。

Q2. 生理の時、お腹が痛くなるし、すごくしんどい。どうしたらいいの？　(中2女子)

A． 赤ちゃんのお部屋を新しくするために、月に一度、赤ちゃんのお部屋全体にきゅーっと力が入って中の内膜などを血と一緒に押し出します。これが生理（月経）です。その時にお腹が痛いと感じることがあります。ひどい人もいるし、あまり感じない人もいます。痛みを和らげるための方法がいくつかあります。体が冷えると痛みが強くなるので靴下をはきましょう。くるぶしも冷えない方がいいので、長めのがいいです。小さなパンツではなくて、おへそまで隠れるパンツをはきましょう。冬なら毛糸のパンツやスパッツをはきましょう。シャワーだけですますのではなく湯船で体を温めましょう。（血が出ることがあるのでお風呂は最後に入る）また、腰を前後左右に振る体操も効果があります。

　その他に、おへその少し下の所を両手の人さし指と中指で押さえながら静かに息をはく、全部はいたら指を緩めて息を吸って、またゆっくり指でおへその下を押えながら息を静かにはく…これを繰り返すのも効果がありますよ。それでも具合が悪いようなら、産婦人科の先生に相談してみて下さい。（赤ちゃんのお部屋を新しくする間隔は月に一度の人が多いですが人によって違います。）

Q3. どうしたらモテるようになりますか？

A． モテる人ってどんな人でしょうか。好かれる人、頼られる人、人気者…そんな人になるためのいくつかのアドバイスがあります。
〇まず身だしなみをきちんとしましょう。
毎日お風呂に入り、食事のあとの歯みがきもわすれずにしましょう。髪の毛は出かける前にはブラシ、くしでときましょう。洗濯した、汚れていな

い服を着ましょう。シャツなどはズボンの中に入れた方がすっきりと見えますよ。
○言葉づかいに気をつけよう。
笑顔であいさつをしましょう。声の大きさは普通くらいがいいです。大きすぎないようにね。もし相手から返事がなくても、何度も言わないようにしましょう。年上の人には敬語を使います。たとえば「おはよう」は友だちや家族の人に使う言葉。年上の人には「おはようございます」と言います。「お昼ご飯食べに行っていい？」ではなく「昼食をとっていいでしょうか？」また「お疲れ様」ではなく「お疲れさまでした」と言います。
○うそをついてはいけません。自分を良く見てもらいたいと思っても、うそはいけません。
○周りの人が困ってたり、嫌がっていたらすぐにやめましょう。
○どんなことでも一生懸命する人はかっこいいですね。
何か一つからでもやってみてください。

Q4. 僕は男ですが、赤ちゃんが生まれる時の痛みって、どれぐらいですか？

A. あなたは赤ちゃんを産むことはないけど、あなたのお母さんはあなたを産んで下さいましたね。お母さんは赤ちゃんを一生けんめい産みます。産む時の痛みは怪我をしたときよりも、お腹が下痢などで痛いときよりももっともっと痛いです（人によって違います）。しかし一気に強くなるのではなく、徐々に強くなるので、体も少しずつ変化してきます。だからなんとか痛みに耐えることができます。お母さんたちはみんな必死で赤ちゃんを産みますよ。手抜きをして赤ちゃんを産むことはできません。

Q5．　下着を見せて歩いている人を見かけますが、注意してあげた方がいいですか？

A．　もしパンツやシャツを見せて外を歩いている人を見かけたら注意したくなりますね。もしその人があなたの友だちなら、「下着が見えてるよ。」とか「下着は見せてはいけないよ。」と教えてあげてもいいです。でも全然知らない人に注意したら、その人はびっくりするでしょう。
またその人がとても怖い人なら、あなたがびっくりしてしまいます。知らない人に注意するのはやめましょう。

Q6．　赤ちゃんが初めて言葉を発するのはいつごろからですか？

A．　生まれてすぐの赤ちゃんは泣くことしかできませんが、4か月ごろになると「あーあー」と声を出すようになります。お母さんが日ごろよく話している言葉をまねしていると言われています。意味のある言葉が話せるようになるのはだいたい1歳くらい。「まんま」とか「パパ」「ぶーぶー」と言うようになります。言葉が通じるって嬉しいですね。早くからしゃべる子もいれば、しゃべるのが遅い子もいます。しゃべる時期は個人差が大きいです。

Q7．　よちよち歩きはどれぐらいでできるようになるんですか？

A．　生まれてすぐの赤ちゃんは首も腰もしっかりしていません。グラグラなので歩くどころか、一人で座ったり、立ったりできません。首や腰を

支えて抱っこします。首は4カ月頃にしっかりしてきます。腰は7カ月頃にしっかりしてくるので、足をのばして座れるようになります。

　歩けるようになるのはそれからです。早い子なら10カ月くらい、ゆっくりの子なら1歳半くらいで歩き始めることが多いです。

Q8.　女の子と仲良くなるにはどうしたらいいですか？

A.　男の子2〜3人と、女の子2〜3人のグループで誰かの家でお話ししたり、出かけしたりするといいと思いますよ。その中で気が合う人がいたら、「お付き合いしたい」と告白したらいいと思います。この本のポイント3にも書いていますが、おうちの人に相談して、応援してもらうといいですね。

Q9.　好きな人と話そうとすると、頭が真っ白になり、暑くないのに汗をかきます。どうしてでしょうか？

A.　「自分のことをよく思ってほしい、だから上手に話そう」と考えるから、緊張して頭が真っ白になって、汗をかいてしまいます。
　まず「話そう」と思わず、「聞こう」と思ったらいいですよ。
　たとえば雨の日だったら「雨が降るね。〇〇さんは雨は好き？」って聞くのです。「嫌い」って答えが返ってきたら「どうして」ってまた聞く。もし「傘をささないといけないから」と返ってきたら、そのまま同じ言葉で「傘をささないといけないから雨が嫌いなんだね。なるほど…」という感じです。

さらに話を続けたいときは「じゃあどんな天気が好き？」と聞いてみる。「晴れの日よ」と返ってきたら、またその同じ言葉で「〇〇さんは晴れの日が好きなんだね。ぼくと同じだね」、こんな感じです。
天気のこと以外でも、食べ物のこと、テレビのこと、二人が知っている先生のことなどを話題にしたらいいと思いますよ。「昨日、何か嬉しいことがあった？」という質問は毎日でも使えます。
　また向かい合って話すより、長椅子か、椅子を並べて同じ方を向いた方が話しやすいです。立って話すときはちょっと斜めの方を見ながら、時々顔を見るようにするのも、緊張が取れていいですよ。

Q10.　好きな人と手をつなぎたいと思うのはよくないことですか？

A.　好きな人と手をつなぎたいという気持ちになるのは自然なことです。でも手をつないだら次は腕を組みたいと思うでしょう。腕を組んだら、もっと近づきたいという気持ちになります。キスもしたい、抱き合いたい、もっとくっつきたい。でもそれぞれが持っている赤ちゃんのもとが出会うまで近づいて、女の子のお腹の中に赤ちゃんがやってきたら困ってしまいます。どんどん気持ちが高まってくるのをがまんするのは辛いことです。だから気持ちが高まらないように、手をつなぎたいと思っても、腕の半分くらいの距離でお付き合いするのがいいと思いますよ。

Q11.　赤ちゃんを育てるのにはどれぐらいのお金がかかりますか？

A.　生まれてくる赤ちゃんのためにそろえるものと金額を書き出してみましょう。

長肌着、短肌着4枚ずつ…3,000円。ベビードレス2枚…6,000円。おむつ60枚…15,000円。おむつカバー3枚…3,000円。おしり拭き1箱…3,000円。ベスト2枚…1,600円。おくるみ1枚…2,000円。スリング等…10,000円、ガーゼハンカチ10枚…2,000円。ベビー布団…10,000円。ベビーカー…20,000円。ベビーバス…2,500円。合計78,100円

　ママのマタニティー用品もいりますよ。

　マタニティーウエアー3枚ほど…20,000円、ショーツ3枚…3,000円。ブラジャー3枚…3,000円。シャツ3枚…3,000円。腹帯2枚…2,000円。マタニティーパジャマ2枚…10,000円　合計41,000円

両方合わせると、120,000円ほどが必要です。

　もしおっぱいが出なければ、それに加えて哺乳瓶やミルクの用意が必要です。赤ちゃんはどんどん大きくなるので、大きなサイズの服を次々と買わないといけません。またママが病院に行くための交通費や入院費もいります。

Q12.　かわいい人を見かけたら、スマホで写真をとってもいいですか？

A.　何も言わずに人の写真を撮るのは絶対にいけません。警察に訴えられることもあります。

景色や建物や乗り物を撮ろうした時、その中に人が写っていたら、自分を撮ろうとしたと疑われることもあるのでカメラを向けてはいけません。

Q13.　赤ちゃんは生まれた時にみんな泣いているのはどうしてですか？

A. 生まれた時に赤ちゃんが泣くのは悲しいからではありません。空気がいっぱいあるところに生まれてきて息をするために泣きます。泣かずに息を始める子もいますよ。泣かないし、息もしていなかったら、息ができるようにしてあげます。

Q14. 赤ちゃんも生まれる時に痛いのですか？笑って生まれる赤ちゃんはいないのですか？

A. 赤ちゃんは一生懸命生まれてきますが、痛くはないと思いますよ。泣かずにきょとんとした顔で生まれてくる赤ちゃんもいますし、すぐに笑顔を見せてくれる子もいます。それは笑顔ではなくて筋肉が痙攣しているだけという説もありますが、やはり心地いいんだろうなあと思います。部屋を明るすぎないようにして、お母さんに肌と肌をくっつけて抱かれていると、生まれてすぐの赤ちゃんは穏やかな表情をしますよ。

Q15.「もう年頃なんだから気を付けないと」とお母さんに言われました。何歳から年頃になるのですか？何に気を付けたらいいのかわかりません。

A. お母さんがおっしゃる年頃というのは 自分の体の中にある赤ちゃんのもとが赤ちゃんになることができるようになる年齢です。外から見ると、男の子なら声が低くなったり、がっしりとした体になってきたり、脇や股の所に毛が生えてきたりする頃。女の子なら胸が大きくなったり、丸みのある体つきになってきたり、脇や股の所に毛が生えてきたりする頃です。だいたい小学4年生から中学3年頃で、人によって違います。

「気をつけないと」とお母さんがおっしゃるのはこの本のポイント2でも書いているように、下着をつけているところは赤ちゃんに関係のあるところなので大事にしなさいということです。ポイント2を見てくださいね。気をつけることが書いてあります。

Q16.　結婚するときには何円ぐらい必要ですか？それは男が用意するのですか？

A.　いろんな結婚がありますよ。大きな結婚式場やホテルで結婚式をすると何百万円とかかります。お店を貸し切って結婚式を挙げる人もいます。ウエディングドレスなどの衣装を借りたり、お食事代等を用意しなければなりませんので、何十万円かは必要です。お店の一部屋を借りて親族だけが集まってお食事会をすることもあります。結婚届けを役所に出すだけならお金はいりません。
どんな風にするかとか、どちらがお金を出すかは自分たちと自分たちを育ててくれた人たちと相談して決めましょう。
　私は今まで育ててくれた人たちや、応援してくれた人たちに「今までありがとうございました。これから二人で暮らしていきますから、見守り、助けてください」と言う気持ちを伝えることは大切なことだと思います。また神さまの前で、これから助け合って暮らしていきますという誓いをして、神さまから祝福を頂いて結婚生活を始めたいですね。

Q17.　結婚して赤ちゃんがほしいけど、うつる病気のことを聞いて心配です。それに赤ちゃんを産むときにすごく痛いらしいので、とても怖いと思いました。私でも赤ちゃんを産むことはできるのでしょうか？

A.　男性が持っている赤ちゃんのもとと、女性がもっている赤ちゃんのもとを出会わそうとすることでうつる病気はいっぱいあります。自分がそんなことをした覚えがないし、結婚する相手もしたことがないのであれば、病気の心配はありません。もし病気が心配なら病院で検査をして、お互いに病気がないことを確かめてから結婚するといいです。男性は泌尿器科、女性は産婦人科で検査をします。

　「赤ちゃんを産むのは痛いよ」と聞いたことがあるのですね。確かに赤ちゃんを産むのは簡単なことではありません。でもこわがっているとどんどん痛みを強く感じるようになります。

　だから赤ちゃんがお腹にやってきたら、心と体の準備をしましょう。産む病院や助産所でお産の勉強をすることができますから、勉強会に参加したり、直接、先生や助産師さんに準備の方法を教えてもらってください。赤ちゃんを産んだり、育てたりできるかどうかはあなたを助けてくれる人たちに相談して決めましょう。

■保護者から

Q1.　知的障害がある高校生の男子です。姉の下着に興味があり、スカートの中をのぞこうとしたり、姉の下着をはいていることもあります。
何度言いきかせても、なかなかやめません。あんまり悪気もないようです。どうすればよいのでしょうか？

A.　下着をつけているところは赤ちゃんのもとがある特別に大切なとこ

ろだから絶対に見たり、見せたり、触ったり、触られたりしてはいけないと教えたらどうでしょうか。

　プライベートゾーンの扱い方を伝えることは生きていく上でとても大切なことです。恥ずかしいところとか、汚いところとか、いやらしいところではなく、特別に大切なところなので、見たり、見せたり、触ったり、触られたりしてはいけないのです。お姉さんの下着はお姉さんにとって大切なものなので、さわったり、見たりしてはいけないと教えてあげてはどうでしょうか。

Q2.　中学生の男の子です。まだ甘えたい年頃かもしれませんが、抱きついてきます。なんとなく女性に抱きつくような雰囲気があるのと、もう身体も大きいので、正直嫌悪感もありますが、邪険にするのもいけないような気がして対応に困っています。どう対応すればよいのでしょうか？

A.　母子の距離の取り方は難しいですね。二次性徴をめやすに子育ての転換期と考えたらどうでしょうか。声変わりや体つきの変化、精通現象があれば、それまでの接し方を見なおしましょう。家族なので腕や手が触れたり、肩や背中に触れることはあると思いますが、乳房や性器に触れることがないようにしましょう。抱きつきに来たときは笑顔で受け入れても、乳房が触れない程度の距離を保つとか、お風呂の手伝いが必要なときも、お母さんはTシャツと半ズボンをはいてお風呂にはいり、性器は自分で洗わせるなど、特にプライベートゾーンの扱いに注意されるといいと思います。(性器の洗い方はお父さんと一緒に入った時に教えてもらいましょう)

Q3.　知的な障がいがあり、親が受けた性教育は理解が難しいと思います。

その場合、どういった内容のことを教えたらいいですか。

A．　子どもたちを取り巻く性の情報はどんどん過激化しています。セックスをすることへの抵抗感はどんどん低くなっていますし、女性を乱暴に扱うシーンを雑誌やTVで子どもたちは簡単に目にします。そのことをふまえて子どもたちに教える必要があると思います。教える内容はこの本にも書きましたが、人との距離の取り方や、プライベートゾーンのこと、好きな人ができた時のこと、結婚について、また幸せに生きる方法など。性教育と言うより生きる上で大切なこととしてお話しされたらどうでしょうか。

Q4．　17歳になる娘に好きな男性（同級生）ができ、休日に遊びに行くようです。性教育の観点から、親が伝えておいたほうがいいことをお教えください。ちなみに、一人や友だちとでかけることはできます。

A．　この本はそのようなお子さんのために書いた本です。どうぞご活用ください。プライベートゾーンのことや好きな人ができた時の注意点を、本を見ながら、くり返し教えてあげたらどうでしょうか。

Q5．　発達障害のある兄弟です。弟が服の上から兄の股間を弄んで、弄ばれている本人もそれを面白がっている場合どうしたらいいですか？

A．　股間は赤ちゃんのもとがある大切なところだから人のものでも自分のものでも大事なのだと伝えたらどうでしょうか。赤ちゃんのもとがあるところは、おちんちんの左右についている袋の中です。汚い手で触ったり、乱暴に扱ってはいけません。

■先生から

Q1. 特別支援学校の生徒に性の話をどんなふうに指導したらよいのか悩みます。今、担当している生徒は人との距離がうまくとれず、男女関係なく、触れたがります。上手な指導法をいつも模索しています。(50代女性)

A. 性のことや人との距離の取り方は生きていく上での基礎ですから、効果的に教えたいものです。本書にもありますように、知らない人や近所の人、友だちや家族など親しさによって接する距離があることを伝えたらどうでしょうか。先生方がロールプレイされるのも分かりやすいです。
　性の指導の基本はからだには特別に大切な部分（プライベートゾーン）があることを教えることだと思います。下着をつけている所と唇は特別に大切なところとまず教えるといいのではないでしょうか。

Q2. 男女交際はしてもいいと思うのだが、明らかに節度を守れない生徒に対して、異性との関わりの持ち方をどう指導すればいいのか、悩みます。(20代男性)

A. 人を好きになることは悪いことではありませんが、付き合い方にはルールがあることを教える必要があると思います。子どもたちが見聞きする性の情報はますます過激化し、交際相手とはセックスをするのが当たり前というメッセージが多く、またそれに憧れたり、それを正しいと思っている子どもたちも多いです。本書の3章に書きましたが、好きな人ができた時はおうちの人に相談することや、自分が幸せになれるか相手をよく見

ることや、プライベートゾーンを見せたり触らせたり、見られたり、触られたりしてはいけないことをくり返し教えたいと思います。イラストを用いたり、ロールプレイを用いることでさらに分かりやすくなります。

Q3. 小学部高学年の女の子を担当しています。先日、養護教諭の協力を得て、生理の指導をしました。写真などもたくさん用意して説明し、ナプキンの当て方も指導したのですが、体の仕組みの話とナプキンの話が結びつかないようでした。どのように指導すればよかったのかと考えてしまいました。(20代女性)

A．女の子は思春期になるとおおよそ月に一つずつ赤ちゃんのもとが体から出ます。赤ちゃんを育てる部屋では赤ちゃんがやってきたら育てようと準備をするのですが、赤ちゃんがやってこなければ、次の赤ちゃんのために、赤ちゃんのお部屋を新しく作り変えます。それが月経です。

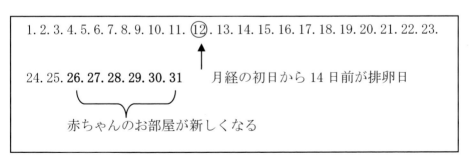

このような月経図をつくって月経は赤ちゃんのお部屋が新しくなる時と意識づけることができます。それは素晴らしいことだと性の肯定感につなげることもできます。

また、赤ちゃんの部屋に赤ちゃんがやって来る人もあれば、赤ちゃんが

来ない人もいるけど、どちらも素晴らしい体だと教えたいものです。

Q4.　私は女性ですが、現在、中2男子生徒を担当しています。軽度で、身長も高く、体は大人に近づいていると思います。性の話もしていかないといけないとは思うのですが、担当とはいえ女性教員から指導するのはどんなものかと考えます。(40代女性)

A.　性器の清潔やマスターベーションについては男性の先生が指導される方が望ましいと思いますが、それ以外の人との距離の取り方や、プライベートゾーンのこと、男女交際のことなどは担当の先生がお話しされるといいと思います。女の先生の方が女の子の気持ちを伝えやすいです。例えば女の子はプライベートゾーンを触られたり、見られたりするのは嫌なことだとか、女の子は好きな子と手をつないだり、腕を組んだりしたいと思っていてもそれ以上の接近を望んでいないことも教えて下さい。だから男の子は好きな子と体を接近させたいという気持ちが高まってきたとしても、実際に行動に移してはいけないと教えてはどうでしょうか。

＊結婚をサポートする時の予備知識として
＜避妊の方法＞
基礎体温法…朝、活動する前の体温を測り、体温の変化で排卵日を予測する。体調の変化などで予測することが難しいときもある。
ＩＵＤ…子宮内に器具をいれて着床を妨げる。出産の経験がある人のみ
ピル…毎日服用して排卵をとめる。医師の処方箋が必要。飲み忘れると効果がない。持病があると使えないことがある。吐き気や肥満気味に

なるなど副作用もある。
コンドーム…男性性器に装着する。正しく使うと避妊率は90％以上だが、使い方を間違えると避妊の効果がない。
　○コンドームの正しい装着の方法
① ペニスが勃起したらすぐに装着する。
② 爪で引っかかないように。
③ コンドームを袋から出すときは、端に寄せて傷つけないように出す。
④ 表裏を間違わないように亀頭にかぶせる（間違えて亀頭につけたなら、それはもう使ってはいけない）。
⑤ 先をつまんで精液だめの空気を抜く。
⑥ 亀頭の包皮を下ろしながら、根元までクルクルと下ろす。
⑦ 下にたるんだ包皮をコンドームの中に入れる。
⑧ 射精したらすぐにはずす。
⑨ 使用後は口を結んでゴミ箱に捨てる。

＜性感染症＞
　セックスは最高の愛の表現であり、また喜びでもあり、命を産みだすことが出来る素晴らしいことですが、セックスをすることでうつる病気があります。性行為感染症（STD）と言います。人類の存続にも関わるセックスに乗じて広まるSTDは不気味でもあるし、腹立たしい思いがします。しかしセックスでうつる性感染症の種類はとても多いのです。その中のいくつかをお話しましょう。

クラミジア
　若者の間で大変蔓延しています。性交経験があると答えた高校生に尿検査でクラミジア検査をしたところ男子で7.3％、女子は13.9％がクラミジアに感染していました。
　セックスをしている高校生の10人に一人はクラミジアに罹っているということにな

ります。

　なぜこんなに広まっているのかと言うと、クラミジアに罹ってもほとんど症状が出ないのです。中には男子で尿道から膿がでたり、女子で下腹部の鈍い痛みがあることもありますがほとんど無症状です。妊娠したかもしれないとやってくる女の子の中にはクラミジアに罹っている子も少なくありません。中には中絶をするために産婦人科を紹介したところ、クラミジアの炎症のために腹膜に穴が開く寸前だったことがあります。その子は半年ほど前にクラミジアに罹っている事がわかり、治療をしていたのですが、症状がないからと言って薬を飲んでいなかったのです。症状がなくてもお腹の中の炎症は治まっていないのです。

　クラミジアに感染すると将来赤ちゃんがほしくても妊娠しない（不妊）原因になったり、妊娠しても異常妊娠、異常出産の原因になることもあります。またクラミジアに罹っているとHIV感染の危険性が3から5倍になるといわれています。

　HIV感染及びエイズ

　HIVは≪Human（ヒト）Immunodeficiency（免疫不全）Virus（ウイルス）≫

　AIDSは≪Acquired（後天性）Immunodeficiency（免疫不全）Syndrome（症候群）≫の略です。免疫不全（菌と戦うことが出来ない状態）を起こすウイルスに感染することをHIV感染といい、免疫不全の状態になることをエイズの発病と言います。

　HIVに感染をしてからエイズ発病するまでを潜伏期間と言い、10数年、中には2～3年で発病することもあります。潜伏期間中はほとんど症状がありません。

　かつては発病すると効果的な治療法はなく、通常なら問題にならないような菌にも体が侵され死に至る病と言われていましたが、治療法が開発され、エイズを発病してもHIV感染の状態に戻すことが可能になったと言われています。またHIVのウイルスは人間の寿命より長いので一度感染したら一生涯、発病しないように治療をしていく必要があるのですが、最近はウイルスの数を限りなく0にしていこうとする治療が可能になりつつあります。

感染ルートは性交渉の他に血液や粘液を介して。また母親がHIVに感染していれば、帝王切開でお産をする、また母乳を与えないなど気をつけますが、子どもにうつる危険性は高率となります。

　HIVだけに関わらず血液を介してうつる病気は沢山ありますので、血に直接触れることは避けるようにしましょう。カミソリや歯ブラシの貸し借りなどは危険が増します。けがをして血を流している人を助ける時も、もし何らかのウイルスなどに感染している血液であり、助ける側に傷口があれば感染する危険性があります。但し、通常の日常生活では感染することはありませんので、恐れすぎる必要もありませんし、差別してはいけません。検査は保険所や保健センターで無料、匿名で受けることができます。感染の可能性のあった日から3ヶ月以上経たないと正確な結果が出ません。

　もし感染の心配がある時はできるだけ早く治療を開始できるように受診して下さい。HIVに感染した場合は発病をできるだけ遅らせることが大切です。その間に治療法が開発されるかもしれません。そして人に感染しないように気をつけてください。自分の粘液や血液が人に接触することを避ければいいのです。セックスも粘液が接する行為ですから、気をつけなければなりません。

尖形コンジローマ

　ヒト　パピローマ　ウイルス（HPV）が原因で起こる性感染症です。ウイルスの形によっては悪性化し子宮頸がんを起こすことがあるので注意が必要です。外性器に鶏の鶏冠のようなイボ状のものができたときは感染したことが分かりやすいですが、子宮の頸部や膣に出来るとわかりにくく、症状が出にくいこともあります。

　子宮頸がんの多くはセックスによるHPV感染が原因です。しかし男性がHPVのウイルスを持っているかどうかを調べる検査の方法が今のところありませんので、セックスを経験した男性とセックスをすると、女性はHPVの感染や子宮頸がんのリスクを背負うことになります。子宮頸がんワクチンという予防方法もありますが、このワクチンは特定の型のウイルスにしか効きません。またワクチンは数年しか効果がありませんので、セ

ックスをしたら女性はワクチン接種の有無にかかわらず、子宮がん検診を定期的に受ける必要があります。

トリコモナス

女性に特に症状が強く現れ、外性器にひどい痒みがあります。泡状の悪臭の強いおりものが増えます。

梅毒

梅毒トレポネーマによる性感染症です。3～4週間の潜伏期間を経て、小豆大の痛みのないしこりが性器周辺にでき、「下疳」と言われるびらんや潰瘍になります。痛みやかゆみを伴うことが少なく、3～12週間で消失します。しかし治ったわけではなく、次に手の平や足の裏に梅毒の発疹が出現し、発熱、疲労感、リンパの腫れなどの全身症状も現れます。これが梅毒の2期です。3期にはいると感染力はなくなるものの色々な症状を起こします。早期治療によって完全に治ります。症状が軽くなったり、治ったと思っても治療をきっちりと受けてください。

淋病

淋菌による性感染症です。男性では排尿時痛、尿道からドロドロした黄色い膿が出ることがあります。女性ではおりものの量が増えたり、膿のようなおりものが出ることもあります。放っておくと精巣炎や卵巣炎を起こすことがあります。

性器ヘルペス

性器周辺に小さな水泡ができます。かゆみや痛みなど不快症状があります。塗り薬と飲み薬で数週間で治りますが、ウイルスは体に残りますので、疲れたり、抵抗力が落ちた時に再発することがあります。

治療を受けるのは男子は泌尿器科、女子は産婦人科になります。性交渉によってうつる病気ですから、性交渉の相手も同時に治療をしなければなりません。

その他　B型肝炎　C型肝炎

あとがき

　知的ハンディーキャップを抱えた方々に社会でイキイキと生きてほしいという思いを込めて「いのちと性」に関する本を書きました。

　私が性教育グループ「いのち語り隊」を立ち上げたのは2000年のことです。子どもたちの性の乱れがますます深刻化し、いのちの重みも感じにくい昨今、懸命に生まれてくるいのちに日々立ち会っている助産師がすべきことは「いのちと性の大切さ」を子どもたちに伝えることだ、という思いに駆られて活動を始めました。

　活動当初から知的ハンディーキャップを抱えた子どもたちの性教育に取り組みたいと切望していました。その思いの痕跡は、活動を振り返えるといたるところにあります。しかし大変難しく、なかなか形になりませんでした。
　特別支援学校などから性教育の依頼を受けて、手探りでようやく活動を始めたのが2010年のことでした。
　中でも2012年から毎年ご依頼を頂く社会福祉法人神戸聖隷福祉事業団「神戸市立ワークセンターひょうご」の利用者のご家族や職員の方々からご意見を頂けたことは大きな励みとなりました。

　いのち語り隊における性教育の特徴の一つは「小さないのちに責任を持つことができるまでセックスはしない」というNO SEXの考え方です。どんな避妊方法も100％ではありませんから、小さないのちに責任を持つことができないのであれば、セックスはしない、という考えを崩すわけにはいきません。
　子どもたちの性交体験の低年齢化や性交率の増加など、子どもの現状とかけ離れた性教育だと、ご批判を受けることがありますが、正しいこ

とを子どもたちに伝えるのが大人の責任ではないでしょうか。

　また本書の3つ目のお話「人を好きになったときのルール」の「人前でしてはいけないこと」では、デートの時には手をつながずに腕の半分の距離で歩くことを勧めています。これも賛否あると思いますが、エスカレートしがちな体の接触より、心のつながりを大切にしてほしい、という思いでこのように書きました。

　5つのお話の最後は「しあわせに生きる方法」です。この世の中に二人といない、かけがえのない大切ないのちです。お母様が一生懸命お産みになり、赤ちゃんも一生懸命生まれてきます。そんないのちが不幸であってはなりません。幸せに生きる方法を3つ書きましたが、その2つ目は神様から応援されているいのちであるということです。

　大変抽象的で分かりにくいかもしれませんが、人が生まれたということは必ず終わりが来ます。その終わりの時に神様が迎えて下さる（生きている間は確かなことはわかりませんが…）ということをやはり伝えたいのです。
　大人は子どもたちに沢山のことを教えます。でも一番大切なことはいのちの終わりがどうなるかということではないでしょうか。答えは自分のいのちが終わらないといただけません。

　しかし「お母さんはこう思うよ。」「お父さんはこう考える。だからこう生きているんだ。」と伝えることはできます。そして死後のことを語ることは、死後の問題ではなく、どう生きるかという問題につながります。

　学校でもご家庭でもなかなか語りにくいことです。どうかこの本を通

してお子様に伝えて頂きたいと思います。
　私の思いをいっぱい詰め込んだこの本ですが、出版するのに5年かかりました。いずれの出版社からも、買ってくださる方が限定されるという販路の問題を指摘されました。
　しかしこの度、ごま書房新社の池田雅行社長様が出版を引き受けてくださいました。心より感謝申し上げます。この本が必要な方のお手もとに届きますように、心から願います。

永原郁子

プロフィール

永原 郁子（ながはら いくこ）

1980年大阪大学医学部付属助産婦学校卒業後、病院勤務を経て1993年神戸市北区ひよどり台にてマナ助産院を開業。

自然出産、母乳育児の推進、子育て支援、環境問題、戦争を語り継ぐ活動などを通して地域母子保健に携わる。

2000年に助産師による性教育グループ「いのち語り隊」を立ち上げ「子どもたちにいのちの教室を！」をテーマに、幼稚園から大学、教職員や保護者、地域などにおいて年間約150か所以上で活動を実施している。

その活動は注目を集め、TBSテレビ「情熱大陸」「映像08」サンテレビ「ライフライン」などでも取り上げられた。神戸新聞やいのちのことば社のQ&Aの連載や著書「ティーンズのための命のことがわかる本」や「お母さんのための性といのちの子育読本」など執筆活動にも精力的に取り組む。また、2018年に「公社）小さないのちのドア」を立ち上げ、遺棄される乳児や人工妊娠中絶される胎児、またそのいのちを宿した女性のいのちを守る活動をしている。

神戸市立看護大学臨床教授・神戸大学や兵庫県立総合衛生学院の非常勤講師として助産師教育にも尽力する。

● ホームページ
http://www.mana-mh.com/

かっこよくいきる すてきにいきるための5つのお話

著 者	永原 郁子
発行者	池田 雅行
発行所	株式会社 ごま書房新社
	〒167-0051
	東京都杉並区荻窪4-32-3
	AKオギクボビル201
	TEL 03-6910-0481（代）
	FAX 03-6910-0482
カバーデザイン	株式会社オセロ
イラスト	さかた・みさと
印刷・製本	精文堂印刷株式会社

© Ikuko Nagahara, 2017, Printed in Japan
ISBN978-4-341-13255-2 C0037